Michael Heinen-Anders
Neue Gedichte – und Prosa

Literarische Texte aus meinem 50. Lebensjahr

Herstellung und Verlag: Books on Demand GmbH, Norderstedt

ISBN **9783842335066**

Inhaltsverzeichnis

Vorwort

Selten war ein Jahr so kunterbunt und rund wie dieses. So nahm
ich mir in diesem Jahr vor eine letztgültige Gesamtausgabe meiner
Schriften zu veröffentlichen. Dieses Projekt scheiterte jedoch – auch
aus technischen Gründen - und so ging es gewissermaßen wieder auf
Startposition. Mein 50. Lebensjahr wurde schließlich – auch aus
anderen Gründen – für mich zur Neugeburt, zur Stunde ‚Null'.
Immer neue Texte erblickten das Licht der Welt, ja der Strom der
Inspiration wollte einfach nicht abreißen. Die Gedichte vor allem
schienen mich förmlich anzubetteln, doch das Licht der Öffentlichkeit
und das gestrenge Auge des Lesers erblicken zu dürfen. Daher - auch
daher -entschloss ich mich mit diesem Lyrik- und Prosaband wieder
einen neuen Schritt nach draußen zur Ver-öffentlich-ung zu wagen.

Neue Gedichte

Requiem
(Dr. Peter Kizler gewidmet)

Anfangs warst Du mir
wohlgesonnen und
zugewandt – ob meines
schweren Schicksals.

Dann warst Du plötzlich
nach einer langen Phase
des Schweigens
mein unvermittelter Feind
an mehr als tausend
Tagen.

Nun wird berichtet von
Deiner unerwarteten
Krankheit und
einem gnädigen
Tode.

Rechneten wir beide nicht
stets mit schicksalsbildenden
Sphären?

Ob dort nicht noch so
manches
auszugleichen wäre?

RHEINGOLD

Köln ist die alte
Stadt am Rhein.

Köln ist das Herz
des Rheinlands.

Köln hat ein großes Herz
aus purem Gold.

Die drei Kronen
im Stadtwappen
deuten auf
die heiligen drei Könige.

Die drei heiligen Könige
kamen aus aller Herren Länder.

Begraben liegen
die drei heiligen Könige
in einem Schrein
aus purem Gold
im Dom zu Köln.

Kölner kommen auch heute noch
aus aller Herren Länder.

Golden erglänzt der Rhein
zu Köln im Sonnenlicht.

Golden glänzt das Herz
der Kölner.

Hier liegt das mythische
Rheingold
in Wahrheit
begraben.

LOB DER KINDHEIT

Die Kindheit
war ein zarter Ort.

Vieltausend
Versprechungen
gab es dort.

Die Kindheit
sie ist mir
gut gelungen.

Ich forschte nach
bei Pippi Langstrumpf
und den Nibelungen.

Als ich erwachte
nach langer Traumzeit
blieb mir nur eins:
Das Lob der Kindheit.

HERZRASEN

Herzrasen,
Herzschmerz,
nahe dem Herzanfall
so bin ich reingefallen
mit meinem Vertrauen
bei falschen Freunden
und Helfern.
Gegeißelt und verspottet
wurde ich.
Nähe wollte ich,
doch eine
Dornenkrone
ward es.

DIE KLINIK
(In memoriam Vincent van Gogh)

Ellenlange Gänge,
stereotype Verhaltensweisen.
Die Normalität der Unnormalität.
Individualität verschwindet
hinter Regeln
wie aus dem Setzkasten.
Guten Appetit,
wünschen die Schwestern
routiniert,
bei der Essensverteilung,
während an einem Blumenkübel
schon seit gestern
eine Beileidskarte lehnt.
Darauf zu lesen steht:
"Allerbeste Genesungswünsche!"

DIE ANGST

Die Angst kriecht
wie eine Ratte
an mir hoch,
die ich nicht
abschütteln kann,
gelähmt, wie ich bin.
Schlangennattern
umzüngeln meine
Gedankenwege,
warten nur darauf,
mir im dösigen Schlaf
als Dämon
zu erscheinen,
der mich nicht
loslässt,
so wie ich den Tag
nicht loslassen kann,
in der Nacht.

POESIE IN GOLD GEWOGEN

Wieviel wiegt
eines Dichters Herz?
Wieviel trägt
des Dichters Schmerz?

Werden seine Werke
in Tara aufgesogen,
dickleibige Schwarten
gegen Gold gewogen,

so bleibt nicht viel
übrig von des
Dichters Strenge
von des Dichters
Pein.

Allein, er könnte ewig
sein...

Schneeweiß und Schwarzbraun

Schwarzbraun
ist die Haselnuss
Schwarzbraun
ist auch Dein volles Haar.

Schneeweiß
ist die Lilie
Schneeweiß
ist auch Deine zarte Haut

die mich jetzt vorsichtig
sanft berührt.

Wer hätte gedacht
dass Du im Alter
immer schöner wirst?

Wer hätte gedacht
dass ich mich,
auf meine alten Tage,

nochmals wie ein Pennäler
verliebe?

DIE ELSTER

Frech fast
wie ein Rabe
und dennoch
manchmal scheu
stolziert und
horcht die Elster
in sich
in mich hinein.

Sie sucht nach
kleinen Fluchten
nach Orten die ganz
ausgedehnt
und labt sich
an manchen Worten
die eben ein Weiser
noch sprach.

KÖLN IM TAUBENDRECK

Wohin man sich
auch wendet
etwa in Richtung
Dom
erleichtert sich
die Taube
der Tourist
filmt es mit Zoom.

MEIST RÖHREN MOTOREN...

Nur morgens in aller Frühe
kann ich die Singvögel
rufen hören.
Doch der Stadtlärm
deckt bald wieder
alles zu.
Noch bis tief in die Nacht
höre ich nur Autolärm.
Der Amsel rufen
hört man nur auf
dem Lande noch zu.
Stadtlärm ebnet
alle feinen Klänge
ein, deckt alle Laute
wieder zu,
zu einem Einheitsbrei.
Die Lautmalerei der Vogelwelt
hat in der Stadt keinen
Artenschutz.
Meist röhren Motoren
und bellen Hupen, -
wie ein tollwütiges
nimmersattes Ungetüm.
Meist röhren Motoren,
es kreischen die Bremsen.
Lärm nimmt uns
die Luft zum atmen.

DER HELIOS-TURM
(*ein Industriedenkmal,
anzusehen in Köln-Ehrenfeld*)

Einsam ragt er
als Zeichen
längst vergangener
Zeiten.

Heute läuft man
vorbei
bemerkt gar
nicht die Weiten,

die von diesem Turme
sichtbar waren
sichtbar sind.

Heut ist er nur
Vergangenheit,
Epochenrest,
nur noch.

DIE MENSCHLICHE NATUR

Anders als
die Statue,
das Bildwerk
auf dem
Podest,
ist die
menschliche
Natur:
nicht
in einem Zuge
nicht
aus einem Guss.

Das Königtum
des Menschseins,
thronend
auf ehernem
Leibwerk,
ist sein
heiliges ICH.

ALLTAGSGRAU

Der Wind
des gestrigen Tages
streicht heute herauf.
Lässt mich all das
erinnern und vergessen
was vor einer langen
Weile noch lebendig war.
Heute naht die
Entscheidungszeit
mit apokalyptischem
drohen.
Doch meine Waffen
meine geistige Rüstung
sind stumpf geworden:
alltagsgrau beherrscht
den Siegeszug
der Motten.

HOMUNCULUS

Wir können Leben
schaffen:
im Reagenzglas
des Futur.
Idee und Bildnis
dafür gab uns
die schaffende Natur.
Was Experimente
an Mäusen, Ratten
uns akribisch verrieten
ward der Menschheit
bald zum Verhängnis:
ihr ungestümer
Forscherdrang
gebar neue Wesen, Klone
nach Frankensteins Art,
scheinbar ohne Makel:
doch alle sind sie
hybrid und unbeseelt.

SCHÖPFERISCH SCHEITERN
(Dem ELIAS- und ADVENTURA-
Impuls gewidmet)

Anfangs herrschten
Überschwang
und Euphorie
vor - "hatten wir
uns doch so viel
vorgenommen" -
doch es gingen
allmählich die
tragenden Kräfte
verloren.
Das Bild das
übersinnlich
gewoben war,
begann zu
verblassen.
Der Impuls
jedoch verschwand
nie ganz.
Er schuf für
viele Menschen
ein einendes -
schöpferisches -
Band.

MEIN SCHATTEN

Er verfolgt mich -
überall und nirgends.
Es ist der selbige,
es ist der andere,
der immer schuld ist,
wenn ich versage...
MEIN SCHATTEN wird
bald übergriffig,
selten nur ist er
genügsam.
DOPPELGÄNGER genannt,
bringt er mich
stets an den Rand -
des Entsetzens...

FEINDSCHAFT

„Und willst Du nicht
mein Bruder sein,
dann schlag ich Dir
die Rübe ein!"
So einfach und direkt
ist sie meist nicht:
die Feindschaft.
Kommt sie doch oft
auf leisen Sohlen,
schaut was gibt es
noch zu holen.
Ist der Feind
erst ausgesaugt
lässt man ihn liegen.
Unverdaut.

FREUNDSCHAFT

Erst schienen wir wie im Spaß,
uns näher zu kommen
- fast: dicht an dicht -
dann wurde es ernster,
doch die Freundschaft,
sie hatte Dauer...
Je weiter sie auch rückte
die vergangene Zeit,
um so mehr wuchs
der Freundschaft Gelegenheit
und Heiligkeit.
Freundschaft, ach, du
Göttergeschenk
und ein himmlisch Wort...
Wie tust du wohl!
Aber als was
bestehst du wohl fort?
Ich denke: auch
nach dem Tode wirst du
dich als Wohltat beweisen
- nicht hier -
doch an einem anderen Ort...

PUZZLE

Die Würde
ist hinüber.
Vertrauen
ist verspielt.
Ich warte
nur noch
um des Wartens
willen.
Ich warte
auf Godot, -
weil ich selbst
nichts mehr vermag.
Das Puzzle
meines Lebens
hat schon
staubigen Belag.
Es fehlt mir
grad ein
extra Teilchen
in diesem
großen Spiel.
Da wart ich
noch ein
Weilchen,
vielleicht
kommt dann
der Sieg!

Weihnachten – alleine

Ich habe keine Krippe
und habe keinen Baum.
So stehe ich an Weihnacht
allein im weiten Raum.
Es brennen nicht Lichter,
noch glitzert Lametta.
Weihnacht – alleine,
das ist leider kein Traum.
Und so Herrgotts-verlassen
spürt man das schönste
der Feste wohl auch kaum...
Draußen treibt der
Wind den Schnee.
Hier drinnen friert's mich -
mein Herz tut weh!

VOM MYSTERIUM DER STIMMEN

Wenn die Stimmen zu
flüstern beginnen,
so ist das nicht
bloß krankhaft.

Stimmen die
lauschen, die lallen,
die fallen.

Stimmen die
aufstehn, die weitergehn,
die weggehn.

Und dann noch
die innerste Stimme,
die mich mahnt,
die Dich ahnt,
die mich nachdenklich
werden lässt.

Fehler sind menschlich,
sind verzeihlich,
unsere Stimmen
sind es auch.

DAS WAS KOMMT...

Eben noch
war ich verstrickt
in Gedanken
des Gestern.
Doch
mein Heute,
das ist noch
unbekannt.
Es kommt über
Nacht
oder auch am
Tage
wie ein
plötzlicher
Sturm -
wie ein
Blitz
aus heiterem Himmel -
und es ändert
entweder alles
oder nichts...
Aber immer
vertröstet es
mich auf
ein besseres
Morgen.

WIE VIELE?

Wie viele Engel
passen auf eine
Nadelspitze? (Th.v.Aquin)

Unendlich viele.

Wie viele Singvögel
passen auf eine
Marmorkachel?

Nicht viele.

Wie viele Dämonen
passen in die Seele
eines Menschen?

Unendlich viele.
„Ihrer sind Legion" (Markus 5,9).

Meine Ex lässt nicht los

Irgendwie bist Du
immer noch an
meiner Seite -
wenngleich unsichtbar.
Die Kinder aus Deiner
und meiner Seite,
sie sind schließlich wunderbar.

Nehme ich eine andere
mir zur Frau, so bist Du
gleich deren beste Freundin.
Denn im Traume weichst
Du nicht von meiner
Seite.

Liebe ich dich nicht,
so liebst Du mich
erst recht nicht,
bist aber doch
immer vorhanden
und Mutter meiner
Kinder.
Dies lässt sich nicht
abstreiten.

Doch weshalb bist Du zugleich
die Herrin meiner Träume?

Ach, altes Ehegespons,
wie werde ich Dich,
die metaphysische Dirne,
nur endlich los?

WORTFETZEN

"Ich bin Hauptbahnhof",
ja so habe ich es
gehört.
Sprachverarmung,
Sprachverstümmelung,
Sprachverfremdung
gehen miteinander
her. Manche
Wortfetzen
zeugen
von der Unfähigkeit
"in der Sprache
zu sein".

WAHRHEIT UND TREUE

Finde ich Dich
in der Wahrheit
auch in der Unwahrheit
so bleibt noch die Treue.

Langsam aber bleicht
sie aus die Treue,
wird löchern, wie
unser Akt der Zivilisation.

Liebe geht vorüber,
doch die Wahrheit bleibt.

Und die Treue?
Sie bleibt ein gewolltes
und doch uneinlösbares
Versprechen.
Ein Zukunftsideal
gewissermassen.
Ein Ideal mit
Verfallsdatum -
zuletzt.

GAUTAMA BODHISATTVA

Du trohntest
Dein Königtum verbergend
im Lotussitz
als ein Bettler um
das Nirvana.

Bettler
waren auch
Deine unzähligen
Schüler.

In Deinem Tempel
der Leibesfülle
gingst Du ihnen
geistig nachsichtig voran.

Deine kommende
Buddha-Würde
noch verbergend
im Lotussitz
in Weltabgeschiedenheit.

MAITREYA BODHISATTVA

Du als ein Kommender
verbirg Deinen Schatten.

Ertrage Dein kommendes
Königtum
im Vorschein
künftiger Taten.

Sprich, mit behändem
Geisteswort
auch die Wahrheiten
aus, die schwer
zu tragen sind.

Doch lasse
Dir Zeit.
Du hast noch
reichlich davon.

Und reiche den Pitris
über Dir
die Hand.

Ihre Lebens-Schatten
werden Dein
kommendes
Schicksal
sein.

Neue Prosa

Aische hat Angst

In der Sonnenallee leben viele Zuwanderer. Der normale Deutsche wohnt nicht hier.

Hier wohnen Menschen wie Murat und Aische. Beide sind Hauptschüler und zählen zur sogenannten „dritten Generation". Die Eltern sind bereits in Deutschland geboren, die Großeltern kamen einst als „Gastarbeiter". Murat ist Anhänger der ‚grauen Wölfe', er lebt zwar in Deutschland, aber in seinen Träumen haben nur türkische patriotische Vorbilder

Platz. Obwohl er Hauptschüler ist, liest er regelmäßig die „Hürriyet", eine Zeitung, die unter der Halbmondflagge tagtäglich mit dem nationalistischen Sinnspruch „Die Türkei den Türken" erscheint. Murat lehnt Deutsche als Freunde ab. Er fühlt, das Türken etwas ganz Besonderes sind. Der Urahn aller Türken, Turan, ist für ihn das, was für deutsche ‚Siegfried' ist. Murat fühlt sich als Beschützer seiner Schwester Aische. Wenn er wüsste, dass Aische in

einen Deutschen verliebt ist, würde er diesem Schläge androhen, wenn er seine Finger nicht von Aische lässt. Bernd weiß über Murat Bescheid. Wenn es nach Murat geht, muss Aische

bald mit ihm und seinem Vater in die Türkei fahren, um einem zünftigen Türken als Frau versprochen zu werden. Aische hat Angst vor den nächsten Ferien. Dann soll es, wie jeden Sommer nach Antalya zu Verwandten in der Türkei gehen. Aische hat den Verdacht, dass dieser Urlaub dazu genutzt werden soll, sie mit einem dort geborenen Türken, den sie nicht kennt, zu verheiraten. Schließlich ist sie schon sechzehn und wird bald von der Hauptschule abgehen. Bernd trifft sich nur heimlich mit Aische. Kurz nach Schulschluss verschwinden beide gelegentlich im nahe gelegenen Park, um dort ungestört, Händchen halten zu können.

Da dieser Park ein beliebter Hundeauslaufplatz ist, kommen Türken hier normalerweise nicht hin – es sei denn, sie sind selbst Hundehalter. Aber in der Sonnenallee sind Hundehalter kaum anzutreffen, denn alle Nachbarn und auch die Familie von Murat und Aische leben von ‚Hartz IV', mit Ausnahme der beiden Kioskbesitzer. Aber auch diese haben keinen Hund.

Aische hat eine Riesenangst vor ihrem Bruder und davor, dass Bernd etwas zustoßen könnte. Aber am meisten fürchtet Aische den herannahenden Sommer. Gerne möchte sie so frei, wie ihre deutschen Freundinnen sein. Doch über allem, was Aisches Zukunft anbelangt, schwebt Allah, der eifersüchtige Gott und die unantastbare Ehre der Familie.

Nachts träumt Aische von einem Leben mit Bernd, doch sie weiß, dass niemand in ihrer Familie das verstehen würde. Aische weiß, dass sie verstoßen würde, wenn ihre Liebe zu Bernd die eines Tages bevorstehende Heirat in der Türkei gefährden würde. Aische träumt mit Horror von der wohl bald bevorstehenden Zwangsverheiratung. Aische hat Angst: täglich, stündlich, ja jede Minute und jede Sekunde. Denn niemand darf von ihrer Liebe zu Bernd erfahren. Und sie weiß, dass diese Liebe keine Chance hat. Niemand schützt sie davor, dass sie sich ihrer Familie beugen muss.

IM FEUER

Es geschah in den letzten Kriegstagen in Westfalen.

Die Burg stand in lodernden Flammen.

Ein einzelner in ein dunkles Gewand gekleideter Mann stand davor und versuchte mit zwei Eimern Wasser in beiden Händen zu löschen, was aber ganz aussichtslos war.

Plötzlich fuhr aus einem angrenzenden Waldstück ein Army-Jeep vor.

„Who you are?" fragte ein Sergeant den Mann, der die aussichtslosen Löschversuche unternahm.

Er gab keine Antwort.

„Who you are?" fragte erneut der Sergeant.

Verzweifelt kämpfte der Unbekannte weiter mit den Flammen und wurde eingehüllt in eine Rauchwolke.

Der Sergeant zog nun seine Pistole.

„Hands up!" bellte der den mit Rauch und Flammen kämpfenden Unbekannten an, der ihn aber nicht weiter zu beachten schien.

Plötzlich machte der Unbekannte einige Schritte in Richtung auf den Nordturm der brennenden Burg zu.

Der Sergeant schoss einige Male scharf auf den Flüchtenden, der schließlich wenige Schritte vom Nordturm entfernt, schwerverwundet zusammenbrach.

Der Sergeant ließ sein Begleitkommando im nahegelegenen Dorf einen Arzt holen.

Als dieser nach einer halben Stunde an der brennenden Burg eintraf, konnte er nur noch den Tod des von mehreren Kugeln getroffenen Mannes feststellen.

„Who was it?" fragte ihn der Sergeant.

Mit gepressten Lippen murmelte der Arzt in Richtung des Sergeanten: „Das war ... der Burghauptmann ... der Wewelsburg."

Mohammeds letzter Wille

„Madhi, Meister, ihr habt mich zu euch gerufen. Geht es euch wieder besser?" fragte Abu Bakr, als er in Mohammeds Gemach eintrat. „Ach, Abu Bakr, alter Gefährte, es ist gut, dass ihr mich überdauern werdet, damit die Gläubigen weiter rechtgeleitet werden...", so sprach ihn Mohammed mit einem besorgten Gesichtsausdruck an. „Meister, steht es denn so schlecht um euch?" entgegnete Abu Bakr. „Der Himmel möge verhüten..., - Allah sei Dank, dass er Euch in unsere Mitte geführt hat -..., der Himmel möge verhüten, dass Euch jetzt etwas zustößt!"

„Was sollte mir noch anderes zustoßen, als der Tod?" fragte ihn Mohammed zu Abu Bakrs Entsetzen.

„Wenn es so schlimm um Euch steht, Meister, dann gib uns Allahs Weisungen, wie nach Eurem Tode zu verfahren ist!" rief Abu Bakr besorgt. – „Noch ist es nicht so weit, alter Gefährte" sprach Mohammed nun, „doch ich habe noch etwas auf dem Herzen, was Dich und mich gleichermaßen angeht".

„Was kann das sein?" fragte Abu Bakr verwundert.

„Nun, es geht um Aischa", sprach Mohammed. „Gewiss habe ich unrecht getan, als ich sie so jung zur Frau nahm", Mohammed runzelte die Stirne, „doch Allah hat mir verziehen". Abu Bakr wurde nun seinerseits ganz nervös: „Aber es war doch Allahs Wunsch, dass ihr sie zur Gemahlin nehmet!" – „Nicht ganz", erwiderte Mohammed, "Allah hat sie mir wohl versprochen, aber ich sollte ihre erste Reife abwarten und das habe ich nicht getan, somit habe ich mich schuldig gemacht, bei Allah und den sieben Himmeln..." – Abu Bakr entgegnete schnell: „Aber Aischa liebte Euch doch, zwar wie ein Kind, aber sie war doch mit allem einverstanden!" – „Dennoch habe ich Unrecht getan", sprach Mohammed, „Allah wollte, dass ich warte, bis sie das erste mal blute, doch ich habe es nicht vermocht. Mein Begehren war zu groß". „Versprich mir", sprach Mohammed weiter, „dass Du nun wie eine Amme für sie sorgst und sie keinem andern Manne mehr zur Frau gibst". – „Wie sollte ich", sprach Abu Bakr erschrocken, „Sie ist doch Eure Lieblingsfrau!".

„Ja, das ist es ja eben", sprach Mohammed. „Die, die sich an meine Stelle setzen wollen, werden sie zuerst begehren!".

„Allah sei mit mir, beim unschuldigen Blute meines Kindes, so gewiss ich Abu Bakr heiße, werde ich das zu verhindern wissen!"

Nun verließ Abu Bakr, Mohammed, und während er Aischa aufsuchte erreichte ihn die Nachricht, dass Mohammed unmittelbar nach seinem Besuch einen Krampfanfall erlitten habe und daran verstorben sei...

DIE ‚SPANISCHE KRANKHEIT'

Vor wenigen Wochen las ich in einer Tageszeitung als Randnotiz, dass in Spanien 500-EURO-Scheine gehortet werden. Obwohl die spanische Geldmenge nur rund 15 % des Bargeldumlaufes der EURO-Mitgliedsstaaten ausmacht, verfügen die Spanier über die meisten umlaufenden 500-EURO-Bargeldnoten.

Da fiel mir mein Freund Pablo, ein mittsiebziger Spanier ein. Er hatte mehrere kleine Erbschaften gemacht und hortete das Geld in 500-EURO-Scheinen in einem Bankschließfach.

Da er das Geld angesichts der EURO- und Bankenkrise in seinem Bankschließfach nicht mehr als sicher genug aufgehoben empfand, fasste er – ohne Wissen seiner Freunde und Verwandten - vor wenigen Monaten den Entschluss alle verfügbaren 500-EURO Geldscheine bei sich zu Hause unterzubringen.

Pablo, von Natur aus, in allen Geldangelegenheiten, ein misstrauischer Mensch, suchte nun nach einem idealen Versteck für seine große Barschaft.

Da er den Platz unter der Matratze als zu unsicher empfand, kam er auf die exaltierte Idee, alles Barvermögen in seinen mehr als 300 Büchern zu verstecken. „Da schaut außer mir sicherlich niemand rein", dachte er.

Nun begab es sich, dass Pablo zu jener Zeit an hohem Blutdruck litt. Als ich ihn eines Tages anrief, um ein Treffen mit ihm, in einem der zahlreichen Kölner Bistrocafes abzusagen, stellte sich heraus, dass er einen Hirnschlag erlitten hatte. Pablo war nun halbseitig gelähmt und konnte weder stehen, noch laufen.

Er wollte aber partout nicht ins Krankenhaus, wohl aus Sorge, was damals noch niemand ahnte, um sein zu Hause heimlich verstecktes Geldvermögen. Als er, nach einiger Überredungskunst seiner besten Freunde nun doch bereit war ein Krankenhaus aufzusuchen, war es um seine Barschaft geschehen. Sowohl seine Putzfrau, wie auch eine Mitbewohnerin hatten die Fährte des Geldes längst aufgenommen.

Als Pablo nach über einem Monat endlich aus dem Krankenhaus entlassen werden sollte, verweigerte die Mitbewohnerin, ihm den Zutritt zur gemeinsamen Wohnung. Zu seinem Glück konnte er, pflegebedürftig, wie er nun war, gleich nach dem unumgänglichen Krankenhausaufenthalt in einem Pflegeheim der besseren Kategorie unterkommen. Es erwies sich allerdings als Schwierigkeit, dass Pablo, leichtsinnig, wie er nun einmal war, bereits lange Zeit vor seinem Krankenhausaufenthalt, alle Versicherungen, darunter auch die freiwillige Pflege- und Krankenversicherung, restlos gekündigt hatte. Also wurde nun sein kleines Vermögen dringend zur Begleichung der Krankenhaus- und Altenheimkosten benötigt. Doch von seiner Barschaft fehlte plötzlich jede Spur. Wer es nun an sich genommen hatte, etwa die Putzfrau, die Mitbewohnerin oder auch gelegentliche Besucher in der gemeinschaftlichen Unterkunft, das war im Nachhinein nicht mehr feststellbar.

Also kam es, wie es kommen muss: Statt sich noch im Alter seines kleinen Geldvermögens erfreuen zu können, ist Pablo nun Kunde des örtlichen Sozialamts. Die ,spanische Krankheit' hatte wieder einmal zugeschlagen.

Anstelle eines Nachworts:

Einige kurze Bemerkungen zur zeitgenössischen Lyrik

Ich zitiere ein Lyrikhandbuch:

"Durch den völligen Verzicht auf die Regeln der Metrik (und den Reim) nähert sich der freie Vers der Prosa an."

Das ist ein Grundproblem aller modernen, zeitgenössischen Lyrik. Durch weitgehenden Verzicht auf Reim und Metrik bleiben nur noch Metaphorik, Zeilensprung sowie "Sprachdichte" als wesentliche Stilmerkmale übrig.

Daher nähert sich die zeitgenössische Lyrik eigentlich immer mehr einer früheren Spezialform, nämlich dem Prosagedicht an, weshalb manche Lyriker zur deutlicheren Unterscheidung doch wieder auf Reim und Metrik als Mittel zurückgreifen. Diesen Rückgriff auf Reim und Metrik halte ich allerdings für überholt, gerade auch weil die visuelle Poesie (z.B. in "Fisches Nachtgesang" und "Die Trichter" von Christian Morgenstern) diese als satirisches Mittel einsetzt, so dass ein steter Reim, häufig nur noch mit einer besonders humorigen Aussage assoziiert wird (z.B. bei dem "Volksdichter" Wilhelm Busch). Gewollte, *also nicht gekonnte*, Reime, geraten so schnell zu Formen des unfreiwilligen Humors.

Ganz besonders stark sieht man die durchaus zeitgenössische Tendenz zum Prosagedicht im Werk von Erich Fried, aber auch bei Hans-Magnus Enzensberger sowie last but not least auch bei Günter Bruno Fuchs.

Auch ich selbst neige zum freien Vers, mithin also zum Prosagedicht.

Dennoch greife ich gelegentlich - wenn es inhaltlich passt - auch zu versteckten - also indirekten - Reimformen und auch zu Verswiederholungen, um das lyrisch ausgesagte besser zur Geltung zu bringen.

Dennoch teile ich insgesamt die Auffassung, dass sich in der Postmoderne die Lyrik der Prosa teilweise annähern muss, um weiterhin ein adäquates - also verstandenes - Mittel des literarischen Ausdrucks, sein zu können.

Autobiographische Notiz:

Michael Heinen-Anders, geb. am 25.02.1960, zwei Töchter, Erstausbildung als kaufmännischer Angestellter/Buchhändler. Dann 1982 Studium der Wirtschafts- und Sozialwissenschaften, Abschluß: Diplom-Ökonom (Bergische Uni Wuppertal) 1988/89. Ehemals Mitherausgeber der Kölner Literaturzeitung HANDZEICHEN – Zeitung für unveröffentlichte Texte (1978 – 1982). 1976 - 1980 verantwortlicher Redakteur der Zeitschrift KLEXPRESS (Jugendzentrum „Magadha", Köln-Junkersdorf).

Tätigkeiten im Sozialwesen, in Wirtschaftsförderung und Verwaltung.

Seit 1994 Mitglied der Anthroposophischen Gesellschaft – Rudolf-Steiner-Zweig, Köln. Zeitweise (1996 – 1997) Vorstandsmitglied der ELIAS-Initiativgemeinschaft.

Der Autor lebt und arbeitet seit frühester Jugend in Köln und Umland (mit Ausnahme eines dreiviertel Jahres als Mitarbeiter der Wirtschaftsförderung in Gronau/Westfalen).

Zahlreiche literarische, essayistische und wissenschaftliche Veröffentlichungen.

Verzeichnis der Überschriften / Seite